MARTIN HEIDEGGER · PLATONS LEHRE VON DER WAHRHEIT

MARTIN HEIDEGGER

PLATONS LEHRE VON DER WAHRHEIT

VITTORIO KLOSTERMANN · FRANKFURT AM MAIN

Der Text dieser Ausgabe ist wort- und seitengleich mit dem Abdruck in der 3., durchgesehenen Auflage der Einzelausgabe der *Wegmarken* sowie mit dem Abdruck in der 2., durchgesehenen Auflage der *Wegmarken* als Band 9 der Gesamtausgabe. Ein ausführlicher Nachweis findet sich auf Seite 41.

Bibliografische Information der Deutschen Nationalbibliothek

Die Deutsche Nationalbibliothek verzeichnet diese Publikation in der Deutschen Nationalbibliografie; detaillierte bibliografische Daten sind im Internet über *http://dnb.dnb.de* abrufbar.

Unveränderter Nachdruck 2025
4., durchgesehene Auflage 1997

Name des Verlags: Vittorio Klostermann GmbH
Postanschrift: Westerbachstraße 47, 60489 Frankfurt am Main
E-Mail-Adresse: verlag@klostermann.de, Telefon: (069) 970816-0

Druck und Bindung: docupoint, Barleben

Gedruckt auf säurefreiem, alterungsbeständigen Papier entsprechend ISO 9706.
Printed in Germany
ISBN 978-3-465-02918-2

PLATONS LEHRE VON DER WAHRHEIT

Die Erkenntnisse der Wissenschaften werden gewöhnlich in Sätzen ausgesprochen und dem Menschen als greifbare Ergebnisse zur Verwendung vorgesetzt. Die »Lehre« eines Denkers ist das in seinem Sagen Ungesagte, dem der Mensch ausgesetzt wird, auf daß er dafür sich verschwende.

Damit wir das Ungesagte eines Denkers, welcher Art es auch sei, erfahren und inskünftig wissen können, müssen wir sein Gesagtes bedenken. Dieser Forderung recht genügen, hieße, alle »Gespräche« Platons in ihrem Zusammenhang durchsprechen. Weil dies unmöglich ist, soll ein anderer Weg auf das in Platons Denken Ungesagte zuleiten.

Was da ungesagt bleibt, ist eine Wendung in der Bestimmung des Wesens der Wahrheit. Daß diese Wendung sich vollzieht, worin diese Wendung besteht, was durch diesen Wandel des Wesens der Wahrheit begründet wird, sei durch eine Auslegung des »Höhlengleichnisses« verdeutlicht.

Mit der Darstellung des »Höhlengleichnisses« beginnt das siebente Buch des »Gespräches« über das Wesen der *πόλις* (Politeia VII, 514 a, 2 bis 517 a, 7). Das »Gleichnis« erzählt eine Geschichte. Die Erzählung entfaltet sich im Gespräch des Sokrates mit Glaukon. Jener stellt die Geschichte dar. Dieser bekundet das erwachende Erstaunen. Die beigegebene Übersetzung geht in den eingeklammerten Stellen erläuternd über den griechischen Text hinaus.

I p. 514 ἰδὲ γὰρ ἀνθρώπους οἷον ἐν καταγείῳ οἰκήσει σπηλαιώδει, ἀνα-
πεπταμένην πρὸς τὸ φῶς τὴν εἴσοδον ἐχούσῃ μακρὰν παρὰ πᾶν τὸ
σπήλαιον, ἐν ταύτῃ ἐκ παίδων ὄντας ἐν δεσμοῖς καὶ τὰ σκέλη καὶ
b τοὺς αὐχένας, ὥστε μένειν τε αὐτοὺς εἴς τε τὸ πρόσθεν μόνον ὁρᾶν,
κύκλῳ δὲ τὰς κεφαλὰς ὑπὸ τοῦ δεσμοῦ ἀδυνάτους περιάγειν, φῶς
δὲ αὐτοῖς πυρὸς ἄνωθεν καὶ πόρρωθεν καόμενον ὄπισθεν αὐτῶν,
μεταξὺ δὲ τοῦ πυρὸς καὶ τῶν δεσμωτῶν ἐπάνω ὁδόν, παρ’ ἣν ἰδὲ
τειχίον παρῳκοδομημένον, ὥσπερ τοῖς θαυματοποιοῖς πρὸ τῶν
ἀνθρώπων πρόκειται τὰ παραφράγματα, ὑπὲρ ὧν τὰ θαύματα δει-
κνύασιν. – ὁρῶ, ἔφη. –

c ὅρα τοίνυν παρὰ τοῦτο τὸ τειχίον φέροντας ἀνθρώπους σκεύη
515 τε παντοδαπὰ ὑπερέχοντα τοῦ τειχίου καὶ ἀνδριάντας καὶ ἄλλα
ζῷα λίθινά τε καὶ ξύλινα καὶ παντοῖα εἰργασμένα, οἷον εἰκὸς
τοὺς μὲν φθεγγομένους, τοὺς δὲ σιγῶντας τῶν παραφερόντων.

ἄτοπον, ἔφη, λέγεις εἰκόνα καὶ δεσμώτας ἀτόπους. – ὁμοίους
ἡμῖν, ἦν δ’ ἐγώ· τοὺς γὰρ τοιούτους πρῶτον μὲν ἑαυτῶν τε καὶ
ἀλλήλων οἴει ἄν τι ἑωρακέναι ἄλλο πλὴν τὰς σκιὰς τὰς ὑπὸ τοῦ
πυρὸς εἰς τὸ καταντικρὺ αὐτῶν τοῦ σπηλαίου προσπιπτούσας;

– πῶς γάρ, ἔφη, εἰ ἀκινήτους γε τὰς κεφαλὰς ἔχειν ἠναγκα-
b σμένοι εἶεν διὰ βίου; –

»Bringe dir nämlich in den Blick dieses: Menschen halten sich unter der Erde in einer höhlenartigen Behausung auf. Nach oben gegen das Tageslicht eignet dieser der langhin sich erstreckende Eingang, auf den zu das ganze Gehöhle sich versammelt. In dieser Behausung haben die Menschen, gefesselt an den Schenkeln und den Nacken, von Kindheit her ihren Verbleib. Deshalb verharren sie auch an derselben Stelle, so daß ihnen nur dies Eine bleibt, auf das hinzusehen, was ihnen von vorne ins Angesicht begegnet. Ringsherum jedoch die Köpfe zu führen, sind sie, weil gefesselt, außerstande. Ein Lichtschein freilich ist ihnen gewährt, von einem Feuer nämlich, das ihnen, allerdings von rückwärts, oben und fernher, glüht. Zwischen dem Feuer und den Gefesselten (in deren Rücken also) läuft obenhin ein Weg; dem längs, so stelle dir das vor, ist eine niedere Mauer gebaut gleich den Schranken, die sich die Gaukler vor den Leuten aufrichten, um über sie weg die Schaustücke zu zeigen. – Ich sehe, sagte er. –

Fasse nun demgemäß in den Blick, wie entlang diesem Mäuerchen Menschen allerlei Zeug vorbeitragen, das hierbei über das Mäuerchen hinwegragt, Standbilder sowohl als auch andere steinerne und hölzerne Bildwerke und sonst mannigfach von Menschen Gefertigtes. Wie nicht anders zu erwarten, unterhalten sich (dabei) die einen der Vorübertragenden, die anderen schweigen.

– Ein außergewöhnliches Bild führst du da vor, sagte er, und außergewöhnliche Gefangene. – Sie gleichen aber ganz uns Menschen, erwiderte ich. Denn was glaubst du wohl? Solcherart Menschen haben doch im vornhinein, sei es von sich selbst, sei es voneinander, nie etwas anderes in den Blick bekommen als die Schatten, die (ständig) der Feuerschein auf die ihnen gegenüberstehende Wand der Höhle wirft.

– Wie anders denn soll es sein, sagte er, wenn sie gezwungen sind, den Kopf unbeweglich zu halten und das zeit ihres Lebens? –

– τί δὲ τῶν παραφερομένων; οὐ ταὐτὸν τοῦτο; – τί μήν; –

– εἰ οὖν διαλέγεσθαι οἷοί τ' εἶεν πρὸς ἀλλήλους, οὐ ταῦτα ἡγῇ ἂν τὰ ὄντα αὐτοὺς νομίζειν ἅπερ ὁρῷεν; – ἀνάγκη. –

– τί δ' εἰ καὶ ἠχὼ τὸ δεσμωτήριον ἐκ τοῦ καταντικρὺ ἔχοι; ὁπότε τις τῶν παριόντων φθέγξαιτο, οἴει ἂν ἄλλο τι αὐτοὺς ἡγεῖσθαι τὸ φθεγγόμενον ἢ τὴν παριοῦσαν σκιάν; – μὰ Δί' οὐκ ἔγωγ',
c ἔφη. – παντάπασι δή, ἦν δ' ἐγώ, οἱ τοιοῦτοι οὐκ ἂν ἄλλο τι νομίζοιεν τὸ ἀληθὲς ἢ τὰς τῶν σκευαστῶν σκιάς. – πολλὴ ἀνάγκη, ἔφη. –

– σκόπει δή, ἦν δ' ἐγώ, αὐτῶν λύσιν τε καὶ ἴασιν τῶν τε δεσμῶν καὶ τῆς ἀφροσύνης, οἵα τις ἂν εἴη φύσει, εἰ τοιάδε συμβαίνοι αὐτοῖς· ὁπότε τις λυθείη καὶ ἀναγκάζοιτο ἐξαίφνης ἀνίστασθαί τε καὶ περιάγειν τὸν αὐχένα καὶ βαδίζειν καὶ πρὸς τὸ φῶς ἀναβλέπειν, πάντα δὲ ταῦτα ποιῶν ἀλγοῖ τε καὶ διὰ τὰς μαρμα-
d ρυγὰς ἀδυνατοῖ καθορᾶν ἐκεῖνα ὧν τότε τὰς σκιὰς ἑώρα, τί ἂν οἴει αὐτὸν εἰπεῖν, εἴ τις αὐτῷ λέγοι ὅτι τότε μὲν ἑώρα φλυαρίας, νῦν δὲ μᾶλλόν τι ἐγγυτέρω τοῦ ὄντος καὶ πρὸς μᾶλλον ὄντα τετραμμένος ὀρθότερον βλέποι, καὶ δὴ καὶ ἕκαστον τῶν παριόντων δεικνὺς αὐτῷ ἀναγκάζοι ἐρωτῶν ἀποκρίνεσθαι ὅτι ἔστιν; οὐκ οἴει αὐτὸν ἀπορεῖν τε ἂν καὶ ἡγεῖσθαι τὰ τότε ὁρώμενα ἀληθέστερα ἢ τὰ νῦν δεικνύμενα; – πολύ γ', ἔφη. –

Was jedoch sehen sie von den (in ihrem Rücken) vorbeigetragenen Dingen? Sehen sie nicht eben dieses (nämlich die Schatten)? – In der Tat. –

Wenn sie nun imstande wären, miteinander das Erblickte an- und durchzusprechen, glaubst du nicht, sie würden das, was sie da sehen, für das Seiende halten? – Dazu wären sie genötigt. –

Wie aber nun, wenn dies Gefängnis auch noch von der ihnen gegenüberstehenden Wand her (auf die allein sie ständig hinblicken) einen Widerhall hätte? Sooft dann einer von denen, die hinter den Gefesselten vorbeigehen (und die Dinge vorbeitragen), sich verlauten ließe, glaubst du wohl, daß sie etwas anderes für das Sprechende hielten als den von ihnen vorbeiziehenden Schatten? – Nichts anderes, beim Zeus! sagte er. – Ganz und gar, entgegnete ich, würden dann auch die also Gefesselten nichts anderes als die Schatten der Gerätschaften für das Unverborgene halten. – Dies wäre durchaus nötig, sagte er. –

Verfolge demnach jetzt, erwiderte ich, mit deinem Blick den Vorgang, wie die Gefangenen von den Fesseln gelöst und in eins damit geheilt werden von der Einsichtslosigkeit, und bedenke dabei, welcher Art dann diese Einsichtslosigkeit sein müßte, wenn den Gefesselten folgendes zustieße. Sooft einer entfesselt und gezwungen würde, plötzlich aufzustehen, den Hals umzuwenden, sich auf den Weg zu machen und gegen das Licht zu hinaufzublicken, (dann) vermöchte er (jedesmal) dies alles nur unter Schmerzen, auch wäre er nicht imstande, durch das Geflimmer hindurch auf jene Dinge hinzusehen, davon er vormals die Schatten sah. (Wenn all das mit ihm geschähe), was, glaubst du wohl, würde er sagen, wenn einer ihm eröffnete, daß er vormals (nur) Nichtigkeiten gesehen habe, jetzt aber dem Seienden um mehreres näher sei und, also dem Seienderen zugewendet, demzufolge auch richtiger blicke? Und wenn einer ihm (dann) auch noch jedes der vorbeiziehenden Dinge zeigte und ihn zwänge, auf die Frage, was es sei, zu antworten, glaubst

e Οὐκοῦν κἂν εἰ πρὸς αὐτὸ τὸ φῶς ἀναγκάζοι αὐτὸν βλέπειν, ἀλ-
γεῖν τε ἂν τὰ ὄμματα καὶ φεύγειν ἀποστρεφόμενον πρὸς ἐκεῖνα
ἃ δύναται καθορᾶν, καὶ νομίζειν ταῦτα τῷ ὄντι σαφέστερα τῶν
δεικνυμένων; – οὕτως, ἔφη.

εἰ δέ, ἦν δ' ἐγώ, ἐντεῦθεν ἕλκοι τις αὐτὸν βίᾳ διὰ τραχείας τῆς
ἀναβάσεως καὶ ἀνάντους, καὶ μὴ ἀνείη πρὶν ἐξελκύσειεν εἰς τὸ τοῦ
516 ἡλίου φῶς, ἆρα οὐχὶ ὀδυνᾶσθαί τε ἂν καὶ ἀγανακτεῖν ἑλκόμενον,
καὶ ἐπειδὴ πρὸς τὸ φῶς ἔλθοι, αὐγῆς ἂν ἔχοντα τὰ ὄμματα μεστὰ
ὁρᾶν οὐδ' ἂν ἓν δύνασθαι τῶν νῦν λεγομένων ἀληθῶν;

– οὐ γὰρ ἄν, ἔφη, ἐξαίφνης γε. –

συνηθείας δὴ οἶμαι δέοιτ' ἄν, εἰ μέλλοι τὰ ἄνω ὄψεσθαι. καὶ
πρῶτον μὲν τὰς σκιὰς ἂν ῥᾷστα καθορῷ, καὶ μετὰ τοῦτο ἐν τοῖς
ὕδασι τά τε τῶν ἀνθρώπων καὶ τὰ τῶν ἄλλων εἴδωλα, ὕστερον
δὲ αὐτά· ἐκ δὲ τούτων τὰ ἐν τῷ οὐρανῷ καὶ αὐτὸν τὸν οὐρανὸν
b νύκτωρ ἂν ῥᾷον θεάσαιτο, προσβλέπων τὸ τῶν ἄστρων τε καὶ
σελήνης φῶς, ἢ μεθ' ἡμέραν τὸν ἥλιόν τε καὶ τὸ τοῦ ἡλίου. – πῶς
δ' οὔ;

du nicht, daß er da weder ein noch aus wüßte und überdies dafür hielte, das vormals (mit eigenen Augen) Gesehene sei unverborgener als das jetzt (von einem anderen ihm) Gezeigte? — Durchaus freilich, sagte er. —

Und wenn ihn gar einer nötigte, in den Feuerschein hineinzusehen, würden ihm dann nicht die Augen schmerzen, und möchte er sich da nicht abwenden und zu jenem (zurück) flüchten, was anzusehen in seinen Kräften steht und sich dafür entscheiden, das (ihm ohne weiteres Sichtbare) sei in der Tat klarer als das, was ihm jetzt gezeigt werde? — So ist es, sagte er. —

Wenn aber nun, erwiderte ich, einer ihn (den von den Fesseln Gelösten) von da weg mit Gewalt durch den holperigen und steilen Aufgang der Höhle hindurchzöge und nicht von ihm abließe, bis er ihn an das Licht der Sonne hinausgezogen hätte, empfände der also Gezogene dabei nicht Schmerz und Empörung? Und bekäme er, ins Sonnenlicht gelangt, nicht die Augen voll des Glanzes, und wäre er so nicht außerstande, auch nur etwas von dem zu sehen, was ihm jetzt als das Unverborgene eröffnet wird?

— Keineswegs wäre er dazu imstande, sagte er, wenigstens nicht plötzlich. —

Einer Gewöhnung offenbar, glaube ich, bedürfte es, wenn es darauf ankommen soll, das, was oben (außerhalb der Höhle im Licht der Sonne) steht, ins Auge zu fassen. Und (bei solcher Eingewöhnung) würde er zunächst am leichtesten auf die Schatten hinsehen können und hernach auf den im Wasser widerspiegelnden Anblick der Menschen und der übrigen Dinge, später aber würde er dann diese selbst (das Seiende statt der abschwächenden Spiegelungen) in den Blick nehmen. Aus dem Umkreis dieser Dinge aber dürfte er wohl das, was am Himmelsgewölbe ist, und dieses selbst, und zwar bei Nacht, leichter beschauen, indem er hinblickt auf das Licht der Sterne und des Mondes, (leichter nämlich) als bei Tag die Sonne und ihren Schein. — Gewiß! —

*τελευταῖον δὴ οἶμαι τὸν ἥλιον, οὐκ ἐν ὕδασιν οὐδ᾽ ἐν ἀλλοτρίᾳ
ἕδρᾳ φαντάσματα αὐτοῦ, ἀλλ᾽ αὐτὸν καθ᾽ αὐτὸν ἐν τῇ αὐτοῦ
χώρᾳ δύναιτ᾽ ἂν κατιδεῖν καὶ θεάσασθαι οἷός ἐστιν. – ἀναγκαῖον,
ἔφη. –*

καὶ μετὰ ταῦτ᾽ ἂν ἤδη συλλογίζοιτο περὶ αὐτοῦ ὅτι οὗτος ὁ τάς
c *τε ὥρας παρέχων καὶ ἐνιαυτοὺς καὶ πάντα ἐπιτροπεύων τὰ ἐν τῷ
ὁρωμένῳ τόπῳ, καὶ ἐκείνων ὧν σφεῖς ἑώρων τρόπον τινὰ πάντων
αἴτιος.*

– δῆλον, ἔφη, ὅτι ἐπὶ ταῦτα ἂν μετ᾽ ἐκεῖνα ἔλθοι. –

*τί οὖν; ἀναμιμνησκόμενον αὐτὸν τῆς πρώτης οἰκήσεως καὶ τῆς
ἐκεῖ σοφίας καὶ τῶν τότε συνδεσμωτῶν οὐκ ἂν οἴει αὐτὸν μὲν
εὐδαιμονίζειν τῆς μεταβολῆς, τοὺς δὲ ἐλεεῖν; – καὶ μάλα. –*

*τιμαὶ δὲ καὶ ἔπαινοι εἴ τινες αὐτοῖς ἦσαν τότε παρ᾽ ἀλλήλων καὶ
γέρα τῷ ὀξύτατα καθορῶντι τὰ παριόντα, καὶ μνημονεύοντι μάλι-*
d *στα ὅσα τε πρότερα αὐτῶν καὶ ὕστερα εἰώθει καὶ ἅμα πορεύεσθαι,
καὶ ἐκ τούτων δὴ δυνατώτατα ἀπομαντευομένῳ τὸ μέλλον ἥξειν,
δοκεῖς ἂν αὐτὸν ἐπιθυμητικῶς αὐτῶν ἔχειν καὶ ζηλοῦν τοὺς παρ᾽
ἐκείνοις τιμωμένους τε καὶ ἐνδυναστεύοντας, ἢ τὸ τοῦ Ὁμήρου ἂν
πεπονθέναι καὶ σφόδρα βούλεσθαι „ἐπάρουρον ἐόντα θητευέμεν
ἄλλῳ ἀνδρὶ παρ᾽ ἀκλήρῳ“ καὶ ὁτιοῦν ἂν πεπονθέναι μᾶλλον ἢ
᾽κεῖνά τε δοξάζειν καὶ ἐκείνως ζῆν;*

Am Ende aber, glaube ich, dürfte er in den Stand kommen, auf die Sonne selbst zu blicken, nicht nur auf ihren Widerschein im Wasser und wo er sonst auftauchen mag, auf die Sonne selbst, wie sie von ihr selbst her an dem ihr eigenen Ort ist, um sie zu betrachten, wie beschaffen sie sei. – Notwendig dürfte es so kommen, sagte er. –

Und nachdem er all dieses hinter sich gebracht hat, dürfte er auch bereits über sie (die Sonne) dieses zusammenbringen können, daß nämlich sie es ist, die sonst sowohl Jahreszeiten gewährt als auch Jahre und alles durchwaltet, was ist in dem (jetzt) gesichteten Bezirk (des Sonnenlichtes), ja daß sie (die Sonne) sogar auch von jenem Allen die Ursache ist, was jene (die unten in der Höhle sich aufhalten) in einer gewissen Weise vor sich haben.

– Offenbar, sagte er, würde er zu diesem (zur Sonne und zu dem, was in ihrem Licht steht) gelangen, nachdem er über jenes (was nur Widerschein und Schatten ist) hinausgegangen. –

Was nun? Wenn er sich wieder der ersten Behausung erinnerte und des dort maßgebenden ›Wissens‹ und der damals mit ihm Gefesselten, glaubst du nicht, er würde sich selbst zwar glücklich preisen ob des (geschehenen) Umschlags, jene dagegen bedauern? – Gar sehr. –

Wenn nun aber (unter den Menschen) am vormaligen Aufenthaltsort (in der Höhle nämlich) gewisse Ehrungen und Lobsprüche festgesetzt wären für den, der am schärfsten das Vorübergehende (was sich alltäglich zuträgt) ins Auge faßt und dazu am meisten das im Gedächtnis behält, was davon zuerst, was nachher und was gleichzeitig vorbeigebracht zu werden pflegt, und der am ehesten (dann) hieraus das vorher zu sagen vermöchte, was künftig eintreten könnte, glaubst du, ihn (den aus der Höhle Hinausgegangenen) würde es (jetzt noch) nach jenen (in der Höhle) verlangen, um mit denen (dort) zu wetteifern, die bei jenen in Ansehen und Macht stehen, oder wird er nicht gar sehr das auf sich nehmen wollen, wovon Homer sagt: ›auf dem Lande (oberirdisch) lebend einem fremden

e –οὕτως, ἔφη ἔγωγε οἶμαι, πᾶν μᾶλλον πεπονθέναι ἂν δέξασθαι
ἢ ζῆν ἐκείνως.–
καὶ τόδε δὴ ἐννόησον, ἦν δ'ἐγώ. εἰ πάλιν ὁ τοιοῦτος καταβὰς
εἰς τὸν αὐτὸν θᾶκον καθίζοιτο, ἆρ' οὐ σκότους ἀνάπλεως σχοίη
τοὺς ὀφθαλμούς, ἐξαίφνης ἥκων ἐκ τοῦ ἡλίου; – καὶ μάλα γ',
ἔφη.–

τὰς δὲ δὴ σκιὰς ἐκείνας πάλιν εἰ δέοι αὐτὸν γνωματεύοντα δια-
517 μιλλᾶσθαι τοῖς ἀεὶ δεσμώταις ἐκείνοις, ἐν ᾧ ἀμβλυώττει, πρὶν
καταστῆναι τὰ ὄμματα, οὗτος δ'ὁ χρόνος μὴ πάνυ ὀλίγος εἴη τῆς
συνηθείας, ἆρ' οὐ γέλωτ' ἂν παράσχοι, καὶ λέγοιτο ἂν περὶ αὐτοῦ
ὡς ἀναβὰς ἄνω διεφθαρμένος ἥκει τὰ ὄμματα καὶ ὅτι οὐκ ἄξιον
οὐδὲ πειρᾶσθαι ἄνω ἰέναι; καὶ τὸν ἐπιχειροῦντα λύειν τε καὶ ἀνά-
γειν, εἴ πως ἐν ταῖς χερσὶ δύναιντο λαβεῖν καὶ ἀποκτείνειν, ἀπο-
κτεινύναι ἄν;

σφόδρα γ', ἔφη.–

unbegüterten Manne um Lohn zu dienen‹, und wird er nicht überhaupt was immer sonst eher ertragen wollen, als in jenen (für die Höhle gültigen) Ansichten sich herumzutreiben und auf jene Weise ein Mensch zu sein?

— Ich glaube, sagte er, alles würde er eher über sich ergehen lassen, als auf jene (höhlenmäßige) Weise ein Mensch zu sein. —

Und nun also bedenke dieses, erwiderte ich: Wenn der solcherart aus der Höhle Herausgekommene wiederum hinabstiege und an denselben Platz sich niedersetzte, füllten sich ihm da nicht, wo er plötzlich aus der Sonne kommt, die Augen mit Finsternissen? — Gar sehr allerdings, sagte er. —

Wenn er nun wieder mit den ständig dort Gefesselten sich abgeben müßte im Aufstellen und Behaupten von Ansichten über die Schatten, während ihm noch die Augen blöd sind, bevor er sie wieder angepaßt hat, was nicht geringe Zeit der Eingewöhnung verlangte, würde er dann dort unten nicht der Lächerlichkeit preisgegeben sein, und würde man ihm nicht zu verstehen geben, daß er ja nur hinaufgestiegen sei, um mit verdorbenen Augen (in die Höhle) zurückzukehren, daß es also auch ganz und gar nicht lohne, sich auf den Weg nach oben zu machen? Und werden sie denjenigen, der Hand anlegte, sie von den Fesseln zu lösen und hinaufzuführen, wenn sie seiner habhaft werden und ihn töten könnten, nicht wirklich töten? —

— Sicherlich wohl, sagte er. —«

Was bedeutet diese Geschichte? Platon gibt selbst die Antwort; denn er läßt der Erzählung unmittelbar die Deutung folgen (517 a, 8 bis 518 d, 7).

Die höhlenartige Behausung ist das »Bild« für *τὴν . . . δι᾽ ὄψεως φαινομένην ἕδραν* »den Aufenthaltsbereich, der (alltäglich) dem Umherblicken sich zeigt«. Das Feuer in der Höhle, das oberhalb der Höhlenbewohner glüht, ist das »Bild« für die Sonne. Das Höhlengewölbe stellt das Himmelsgewölbe dar. Unter diesem Gewölbe, auf die Erde angewiesen und an sie gebunden, leben die Menschen. Was sie da umgibt und an-geht, ist ihnen »das Wirkliche«, d. h. das Seiende. In dieser höhlenartigen Behausung fühlen sie sich »auf der Welt« und »zu Hause« und finden hier das Verläßliche.

Die im »Gleichnis« genannten Dinge, die außerhalb der Höhle sichtbar werden, sind dagegen das Bild für jenes, worin das eigentlich Seiende des Seienden besteht. Dies ist nach Platon jenes, wodurch das Seiende in seinem »Aussehen« sich zeigt. Dieses »Aussehen« nimmt Platon nicht als bloßen »Aspekt«. Das »Aussehen« hat für ihn noch etwas von einem Heraustreten, wodurch jegliches sich »präsentiert«[a]. In seinem »Aussehen« stehend zeigt sich das Seiende selbst. »Aussehen« heißt griechisch *εἶδος* oder *ἰδέα*. Die am Tag liegenden Dinge außerhalb der Höhle, wo die freie Aussicht auf alles besteht, veranschaulichen im »Gleichnis« die »Ideen«. Hätte nach Platon der Mensch nicht diese, d. h. das jeweilige »Aussehen« von Dingen, Lebewesen, Menschen, Zahlen, Göttern im Blick, dann vermöchte er niemals dieses und jenes als ein Haus, als einen Baum, als einen Gott zu vernehmen. Gewöhnlich meint der Mensch, er sehe doch geradehin dieses Haus und jenen Baum und so jegliches Seiende. Zunächst und zumeist ahnt der Mensch nichts davon, daß er alles, was ihm da in aller Geläufigkeit für »das Wirkliche« gilt, immer nur im Lichte von »Ideen« sieht. Jenes vermeintlich allein und eigentlich Wirkliche, das sogleich Sichtbare, Hörbare, Greifbare, Berechenbare, bleibt aber nach Platon stets nur die Abschattung der Idee und somit ein Schatten. Dieses Nächste und doch Schattenhafte hält den Menschen tagtäglich in der Haft. Er lebt in einem Gefängnis und läßt alle »Ideen« hinter sich. Und weil er gar dieses Gefängnis nicht als ein solches erkennt, hält er diesen Alltagsbezirk unter dem Himmelsgewölbe für den Spielraum der Erfahrung und der Beurteilung, die allen Dingen und Verhältnissen allein das Maß und ihrer Zu- und Einrichtung allein die Regel geben.

[a] Separatum aus »Geistige Überlieferung« 1942: An-, d. h. herzu -wesen.

Soll der Mensch nun, im »Gleichnis« gedacht, plötzlich innerhalb der Höhle auf das rückwärtige Feuer blicken, dessen Schein die Abschattung der hin und her beförderten Dinge bewirkt, dann empfindet er diese ungewohnte Umwendung des Blickes sogleich als eine Störung des üblichen Verhaltens und des gängigen Meinens. Schon die bloße Zumutung einer so befremdlichen Haltung, die ja noch innerhalb der Höhle eingenommen werden soll, wird zurückgewiesen; denn man ist dort in der Höhle im vollen und eindeutigen Besitz des Wirklichen. Der auf seine »Ansicht« erpichte Höhlenmensch vermag nicht einmal die Möglichkeit zu ahnen, sein Wirkliches könnte gar nur das Schattenhafte sein. Wie soll er auch von Schatten wissen, wenn er sogar das Höhlenfeuer und dessen Licht nicht kennen will, wo doch dieses Feuer nur ein »künstliches« ist und daher dem Menschen vertraut sein muß. Dagegen ist das Sonnenlicht außerhalb der Höhle nicht erst von Menschen angefertigt. In seiner Helle zeigen sich die gewachsenen und anwesenden Dinge unmittelbar selbst, ohne der Darstellung durch eine Abschattung zu bedürfen. Die sich selbst zeigenden Dinge sind im »Gleichnis« das »Bild« für die »Ideen«. Die Sonne jedoch gilt im »Gleichnis« als das »Bild« für jenes, was alle Ideen sichtig macht. Sie ist das »Bild« für die Idee aller Ideen. Diese heißt nach Platon *ἡ τοῦ ἀγαθοῦ ἰδέα*, was man »wörtlich« und doch recht mißverständlich übersetzt mit dem Namen »die Idee des Guten«.

Die jetzt nur aufgezählten gleichnishaften Entsprechungen zwischen den Schatten und dem alltäglich erfahrenen Wirklichen, zwischen dem Schein des Höhlenfeuers und der Helle, in der das gewohnte und nächste »Wirkliche« steht, zwischen den Dingen außerhalb der Höhle und den Ideen, zwischen der Sonne und der höchsten Idee erschöpfen nicht den Gehalt des »Gleichnisses«. Ja, das Eigentliche ist so noch gar nicht gefaßt. Denn das »Gleichnis« erzählt Vorgänge und berichtet nicht nur über Aufenthalte und Lagen des Menschen innerhalb und außerhalb der Höhle. Die berichteten Vorgänge aber sind Übergänge aus der Höhle ans Tageslicht und wieder zurück aus diesem in die Höhle.

Was ereignet sich in diesen Übergängen? Wodurch werden diese Ereignisse möglich? Woraus nehmen sie ihre Notwendigkeit? Worauf kommt es bei diesen Übergängen an?

Die Übergänge aus der Höhle ans Tageslicht und von da zurück in die Höhle verlangen je eine Umgewöhnung der Augen vom Dunkeln auf das Helle und vom Hellen auf das Dunkle. Jedesmal werden dabei, und zwar aus den je entgegengesetzten Gründen, die Augen verwirrt: *διτταὶ καὶ ἀπὸ διττῶν γίγνονται ἐπιταράξεις ὄμμασιν* (518 a, 2). »Zwiefache Verwirrungen entstehen den Augen, und das aus zwiefachen Gründen.«

Dies bedeutet: Der Mensch kann entweder aus einer kaum bemerkten Unwissenheit dorthin gelangen, wo sich ihm das Seiende wesentlicher zeigt, wobei er zunächst dem Wesenhaften nicht gewachsen ist; oder der Mensch kann auch aus der Haltung eines wesentlichen Wissens herausfallen und in den Vormachtbezirk der gemeinen Wirklichkeit verschlagen werden, ohne doch imstande zu sein, das hier Übliche und Geübte als das Wirkliche anzuerkennen.

Und wie das leibliche Auge sich erst langsam und stetig umgewöhnen muß, sei es an die Helle, sei es an das Dunkel, so muß auch die Seele sich mit Langmut und in sachgemäßer Schrittfolge eingewöhnen in den Bereich des Seienden, dem sie ausgesetzt ist. Solche Eingewöhnung jedoch verlangt, daß allem voraus die Seele im Ganzen auf die Grundrichtung ihres Strebens umgewendet wird, wie ja auch das Auge nur dann recht und überallhin zu blicken vermag, wenn zuvor der Leib im Ganzen den entsprechenden Standort bezogen hat.

Warum aber muß die Eingewöhnung in den jeweiligen Bezirk stetig und langsam sein? Weil die Umwendung das Menschsein angeht und daher sich im Grunde seines Wesens vollzieht. Das bedeutet: Die maßgebende Haltung, die durch eine Umwendung entspringen soll, muß aus einem das Menschenwesen schon tragenden Bezug in ein festes Verhalten entfaltet werden.

Diese Um- und Eingewöhnung des Menschenwesens in den ihm jeweils zugewiesenen Bereich ist das Wesen dessen, was Platon die *παιδεία* nennt. Das Wort läßt sich nicht übersetzen. *παιδεία* bedeutet nach Platons Wesensbestimmung die *περιαγωγὴ ὅλης τῆς ψυχῆς*, das Geleit zur Umwendung des ganzen Menschen in seinem Wesen. Die *παιδεία* ist deshalb wesentlich ein Übergang, und zwar aus der *ἀπαιδευσία* in die *παιδεία*. Gemäß diesem Übergangscharakter bleibt die *παιδεία* stets auf die *ἀπαιδευσία* bezogen. Am ehesten noch, wenngleich nie völlig, genügt dem Namen *παιδεία* das deutsche Wort »Bildung«. Wir müssen dabei freilich diesem Wort seine ursprüngliche Nennkraft zurückgeben und die Mißdeutung vergessen, der es im späteren 19. Jahrhundert anheimfiel. »Bildung« sagt ein Zwiefaches: Bildung ist einmal ein Bilden im Sinne der entfaltenden Prägung. Dieses »Bilden« aber »bildet« (prägt) zugleich aus der vorgreifenden Anmessung an einen maßgebenden Anblick, der deshalb das Vor-bild heißt. »Bildung« ist Prägung zumal und Geleit durch ein Bild. Das Gegenwesen zur *παιδεία* ist die *ἀπαιδευσία*, die Bildungslosigkeit. In ihr ist weder die Entfaltung der Grundhaltung geweckt, noch wird das maßgebende Vor-bild aufgestellt.

Die deutende Kraft des »Höhlengleichnisses« sammelt sich darauf, im Anschaulichen der erzählten Geschichte das Wesen der *παιδεία* sichtbar und wißbar zu machen. Abwehrend will Platon zugleich zeigen, daß die *παιδεία* nicht darin ihr Wesen hat, bloße Kenntnisse in die unbereite Seele wie in einen leeren, beliebig vorgehaltenen Behälter hineinzuschütten. Die echte Bildung ergreift und verwandelt dem entgegen die Seele selbst und im Ganzen, indem sie den Menschen zuvor an seinen Wesensort versetzt und auf diesen eingewöhnt. Daß im »Höhlengleichnis« das Wesen der *παιδεία* ins Bild gebracht werden soll, das sagt schon der Satz deutlich genug, mit dem Platon am Beginn des VII. Buches die Erzählung einleitet: *Μετὰ ταῦτα δή, εἶπον, ἀπείκασον τοιούτῳ πάθει τὴν ἡμετέραν φύσιν παιδείας τε πέρι καὶ ἀπαιδευσίας.* »Hernach also verschaffe dir aus der Art der (im folgenden dargestellten) Erfahrnis einen Anblick (des Wesens) der ›Bildung‹ sowohl als auch der Bildungslosigkeit, welches (Zusammengehörige ja) unser menschliches Sein in seinem Grunde angeht.«

Das »Höhlengleichnis« veranschaulicht nach Platons eindeutiger Aussage das Wesen der »Bildung«. Dagegen soll die jetzt versuchte Auslegung des »Gleichnisses« auf die platonische »Lehre« von der Wahrheit hinzeigen. Wird so dem »Gleichnis« nicht etwas Fremdes aufgebürdet? Die Auslegung droht in eine gewaltsame Umdeutung auszuarten. Mag dies so scheinen, bis sich die Einsicht gefestigt hat, daß Platons Denken sich einem Wandel des Wesens der Wahrheit unterwirft, der zum verborgenen Gesetz dessen wird, was der Denker sagt. Nach der aus einer künftigen Not notwendigen Auslegung veranschaulicht das »Gleichnis« nicht nur das Wesen der Bildung, sondern es öffnet zugleich den Einblick in einen Wesenswandel der »Wahrheit«. Muß dann aber nicht, wenn das »Gleichnis« beides zu zeigen vermag, zwischen der »Bildung« und der »Wahrheit« ein Wesensbezug obwalten? In der Tat besteht dieser Bezug. Und er besteht darin, daß das Wesen der Wahrheit und die Art seiner Wandlung erst »die Bildung« in ihrem Grundgefüge ermöglicht.

Was schließt aber die »Bildung« und die »Wahrheit« in eine ursprüngliche Wesenseinheit zusammen?

παιδεία meint die Umwendung des ganzen Menschen im Sinne der eingewöhnenden Versetzung aus dem Bezirk des zunächst Begegnenden in einen anderen Bereich, darin das Seiende erscheint. Diese Versetzung ist nur dadurch möglich, daß alles dem Menschen bisher Offenkundige und die Art, wie es offenkundig war, anders werden. Das dem Menschen jeweils Unverborgene und die Art der Unverborgenheit muß sich wandeln. Unverborgenheit heißt griechisch *ἀλήθεια*, welches Wort man mit »Wahrheit« übersetzt. Und »Wahrheit« bedeutet für das abendländische Denken seit langer Zeit die Übereinstimmung des denkenden Vorstellens mit der Sache: adaequatio intellectus et rei.

Begnügen wir uns jedoch nicht damit, die Wörter *παιδεία* und *ἀλήθεια* nur »wörtlich« zu übersetzen, versuchen wir vielmehr das in den übersetzenden Worten genannte sachliche Wesen aus dem Wissen der Griechen zu denken, dann schießen sogleich »Bildung« und »Wahrheit« in eine Wesenseinheit zusammen. Wenn es ernst wird mit dem Wesensbestand dessen, was das Wort *ἀλήθεια* nennt, dann erhebt sich die Frage, von woher Platon das Wesen der Unverborgenheit bestimmt. Die Beantwortung dieser Frage sieht sich an den eigentlichen Gehalt des »Höhlengleichnisses« verwiesen. Sie zeigt, daß und wie das »Gleichnis« vom Wesen der Wahrheit handelt.

Mit dem Unverborgenen und seiner Unverborgenheit ist jeweils das genannt, was in dem Aufenthaltsbezirk des Menschen jedesmal das offen Anwesende ist. Nun erzählt aber das »Gleichnis« eine Geschichte der Übergänge aus einem Aufenthalt in den anderen. Von daher gliedert sich überhaupt erst diese Geschichte zu einer Folge von vier verschiedenen Aufenthalten in einer eigentümlichen Auf- und Abstufung. Die Unterschiede der Aufenthalte und Stufen der Übergänge gründen in der Verschiedenheit des jeweils maßgebenden *ἀληθές*, der jedesmal herrschenden Art der »Wahrheit«. Darum muß auch auf jeder Stufe so oder so das *ἀληθές*, das Unverborgene, bedacht und genannt sein.

Auf der ersten Stufe leben die Menschen gefesselt in der Höhle und sind befangen in dem, was ihnen zunächst begegnet. Die Schilderung dieses Aufenthaltes wird abgeschlossen durch den betonten Satz: *παντάπασι δὴ ... οἱ τοιοῦτοι οὐκ ἂν ἄλλο τι νομίζοιεν τὸ ἀληθὲς ἢ τὰς τῶν σκευαστῶν σκιάς* (515 c, 1–2). »Ganz und gar würden denn auch die also Gefesselten nichts anderes für das Unverborgene halten als die Schatten der Gerätschaften.«

Die zweite Stufe berichtet von der Abnahme der Fesseln. Die Gefangenen sind jetzt in gewisser Weise frei, bleiben aber doch in die Höhle eingesperrt. Hier können sie sich jetzt zwar nach allen Seiten umwenden. Die Möglichkeit öffnet sich, die vordem hinter ihnen vorbeigetragenen Dinge selbst zu sehen. Die vormals nur auf die Schatten Hinblickenden kommen so *μᾶλλόν τι ἐγγυτέρω τοῦ ὄντος* (515 d, 2) »um ein Mehreres dem Seienden näher«. Die Dinge selbst bieten in gewisser Weise, nämlich im Schein des künstlichen Höhlenfeuers, ihr Aussehen an und sind nicht mehr durch die Abschattungen verborgen. Wenn nur die Schatten begegnen, halten sie den Blick gefangen und schieben sich so vor die Dinge selbst. Wird aber der Blick aus der Verhaftung an die Schatten befreit, dann erlangt der so befreite Mensch die Möglichkeit, in den Umkreis dessen zu kommen, was *ἀληθέστερα* (515 d, 6) »unverborgener« ist. Und dennoch muß von dem so Befreiten gesagt werden: *ἡγεῖσθαι τὰ τότε ὁρώμενα ἀληθέστερα ἢ τὰ νῦν δεικνύμενα* (ib.). »Er wird das vormals (ohne weiteres Zutun) Gesehene (die Schatten) für unverborgener halten als das jetzt (von anderen ihm eigens) Gezeigte.«

Warum? Der Feuerschein, an den sein Auge nicht gewohnt ist, blendet den Befreiten. Die Blendung hindert ihn daran, das Feuer selbst zu sehen und zu vernehmen, wie sein Scheinen die Dinge bescheint und diese so erst erscheinen läßt. Daher vermag der Geblendete auch nicht zu erfassen, daß das vormals Gesehene nur eine Abschattung der Dinge im Schein eben dieses Feuers ist. Zwar sieht der Befreite jetzt anderes als die Schatten, jedoch alles in einer einzigen Verwirrung. Mit dieser verglichen, zeigt sich das im Widerschein des ungekannten und ungesehenen Feuers Erblickte, die Schatten, in festen Umrissen. Das so erscheinende Beständige der Schatten muß daher dem Befreiten, weil es das unverwirrt Sichtbare ist, auch das »Unverborgenere« sein. Deshalb fällt auch am Ende der Schilderung der zweiten Stufe wieder das Wort *ἀληθές*, und zwar jetzt im Komparativ, *ἀληθέστερα* das »Unverborgenere«. Die eigentlichere »Wahrheit« bietet sich in den Schatten an. Denn auch der seiner Fesseln ledige Mensch verschätzt sich noch in der Ansetzung des »Wahren«, weil ihm die Voraussetzung des »Schätzens«, die Freiheit, fehlt. Die Abnahme der Fesseln bringt zwar eine

Befreiung. Aber das Losgelassenwerden ist noch nicht die wirkliche Freiheit.

Diese wird erst auf der dritten Stufe erreicht. Hier ist der von den Fesseln Befreite zugleich in das Außerhalb der Höhle, »ins Freie«, versetzt. Da liegt über Tag alles offen zutage. Der Anblick dessen, was die Dinge sind, erscheint jetzt nicht mehr nur im künstlichen und verwirrenden Schein des Feuers innerhalb der Höhle. Die Dinge selbst stehen da in der Bündigkeit und Verbindlichkeit ihres eigenen Aussehens. Das Freie, in das der Befreite jetzt versetzt worden, meint nicht das Unbegrenzte einer bloßen Weite, sondern die begrenzende Bindung des Hellen, das im Licht der miterblickten Sonne erstrahlt. Die Anblicke dessen, was die Dinge selbst sind, die *εἴδη* (Ideen) machen das Wesen aus, in dessen Licht jedes einzelne Seiende als dieses und als jenes sich zeigt, in welchem Sichzeigen das Erscheinende erst unverborgen und zugänglich wird.

Wiederum bestimmt sich die jetzt erreichte Stufe der Aufenthalte nach dem hier maßgebenden und eigentlichen Unverborgenen. Deshalb ist sogar schon am Beginn der Schilderung der dritten Stufe alsbald die Rede von *τῶν νῦν λεγομένων ἀληθῶν* (516a, 3) »von dem, was jetzt als das Unverborgene angesprochen wird«. Dieses Unverborgene ist *ἀληθέστερον*, noch unverborgener als die künstlich beleuchteten Dinge innerhalb der Höhle in ihrem Unterschied zu den Schatten. Das jetzt erreichte Unverborgene ist das Unverborgenste: *τὰ ἀληθέστατα*. Zwar gebraucht Platon an dieser Stelle diese Bezeichnung nicht, wohl aber nennt er *τὸ ἀληθέστατον* das Unverborgenste in der entsprechenden und gleich wesentlichen Erörterung am Beginn des VI. Buches der Politeia. Hier (484c, 5sq.) sind genannt *οἱ … εἰς τὸ ἀληθέστατον ἀποβλέποντες* »die auf das Unverborgenste Hinblickenden«. Das Unverborgenste zeigt sich in dem, was je das Seiende ist. Ohne ein solches Sichzeigen des Was-seins (d.h. der Ideen) bliebe dies und jenes und all solches und damit überhaupt alles verborgen. »Das Unverborgenste« heißt so, weil es in allem Erscheinenden zuvor erscheint und das Erscheinende zugänglich macht.

Wenn nun aber schon innerhalb der Höhle die Wegwendung des Blickes von den Schatten hin zum Feuerschein und zu den darin sich zeigenden Dingen schwierig ist und sogar mißlingt, dann verlangt vollends das Freiwerden im Freien außerhalb der Höhle die höchste Geduld und Anstrengung. Die Befreiung ergibt sich nicht schon aus der Loslösung der Fesseln und besteht nicht in der Zügellosigkeit, sondern beginnt erst als die stetige Eingewöhnung in das Festmachen des Blickes auf die festen Grenzen der in ihrem Aussehen feststehenden Dinge. Die eigentliche Befreiung ist die Stetigkeit der Zuwendung zu dem, was in seinem Aussehen erscheint und in diesem Erscheinen das Unverborgenste ist. Die Freiheit besteht nur als die so geartete Zuwendung. Diese erfüllt aber auch erst das Wesen der *παιδεία* als einer Umwendung. Die Wesensvollendung der »Bildung« kann sich also nur vollziehen im Bereich und auf dem Grunde des Unverborgensten, d.h. des *ἀληθέστατον*, d.h. des Wahrsten, d.h. der eigentlichen Wahrheit. Das Wesen der »Bildung« gründet im Wesen der »Wahrheit«.

Weil jedoch die *παιδεία* ihr Wesen in der *περιαγωγὴ ὅλης τῆς ψυχῆς* hat, bleibt sie als solche Umwendung ständig die Überwindung der *ἀπαιδευσία*. Die *παιδεία* enthält in sich den wesenhaften Rückbezug auf Bildungslosigkeit. Und wenn schon das »Höhlengleichnis« nach Platons eigener Deutung das Wesen der *παιδεία* anschaulich machen soll, dann muß die Veranschaulichung auch und gerade dieses Wesensmoment, die ständige Überwindung der Bildungslosigkeit, sichtbar machen. Deshalb endet die Erzählung in der Geschichte nicht, wie man gern meint, mit der Schilderung der erreichten höchsten Stufe des Aufstiegs aus der Höhle. Im Gegenteil, zum »Gleichnis« gehört die Erzählung von einem Rückstieg des Befreiten in die Höhle zu den noch Gefesselten. Der Befreite soll nun auch diese von ihrem Unverborgenen weg und vor das Unverborgenste hinaufführen. Der Befreier findet sich aber in der Höhle nicht mehr zurecht. Er kommt in die Gefahr, der Übermacht der dort maßgebenden Wahrheit, d.h. dem Anspruch der gemeinen »Wirklichkeit« als der einzigen, zu unterliegen. Dem Befreier droht die Möglichkeit, getötet zu werden, welche Möglichkeit im Geschick des Sokrates; der Platons »Lehrer« war, Wirklichkeit geworden.

Der Rückstieg in die Höhle und der Kampf innerhalb der Höhle zwischen dem Befreier und den aller Befreiung widerstrebenden Gefangenen bildet eine eigene vierte Stufe des »Gleichnisses«, in der es sich erst vollendet. Zwar ist in diesem Stück der Erzählung das Wort *ἀληθές* nicht mehr gebraucht. Gleichwohl muß auch auf dieser Stufe vom Unverborgenen gehandelt werden, das den erneut aufgesuchten Höhlenbezirk bestimmt. Aber ist denn nicht schon auf der ersten Stufe das innerhalb der Höhle maßgebende »Unverborgene« genannt, die Schatten? Gewiß. Allein für das Unverborgene bleibt nicht nur dieses wesentlich, daß es in irgendeiner Weise das Scheinende zugänglich macht und es in seinem Erscheinen offenhält, sondern daß das Unverborgene stets eine Verborgenheit des Verborgenen überwindet. Das Unverborgene muß einer Verborgenheit entrissen, dieser im gewissen Sinne geraubt werden. Weil für die Griechen[a] anfänglich die Verborgenheit als ein Sichverbergen das Wesen des Seins durchwaltet und somit auch das Seiende in seiner Anwesenheit und Zugänglichkeit (»Wahrheit«) bestimmt, deshalb ist das Wort der Griechen für das, was die Römer »veritas« und wir »Wahrheit« nennen, durch das *α* privativum (*ἀ-λήθεια*) ausgezeichnet. Wahrheit[b] bedeutet anfänglich das einer Verborgenheit[c] Abgerungene. Wahrheit ist also Entringung jeweils in der Weise der Entbergung. Die Verborgenheit kann dabei verschiedener Art sein: Verschließung, Verwahrung, Verhüllung, Verdeckung, Verschleierung, Verstellung. Weil nach Platons »Gleichnis« das zuhöchst Unverborgene

a Separatum aus »Geistige Überlieferung« 1942: Heraklit, Fragment 123.
b Separatum aus »Geistige Überlieferung« 1942: im Sinne des Wahren.
c Separatum aus »Geistige Überlieferung« 1942: Verbergung.

einer niedrigen und hartnäckigen Verbergung abgerungen werden muß, deshalb ist auch die Versetzung aus der Höhle in das Freie des lichten Tages ein Kampf auf Leben und Tod. Daß die »Privation«, das abringende Erringen des Unverborgenen, zum Wesen der Wahrheit gehört, dahin gibt die vierte Stufe des »Gleichnisses« einen eigenen Wink. Darum handelt auch sie, so wie jede der drei vorigen Stufen des »Höhlengleichnisses«, von der *ἀλήθεια*.

Überhaupt kann dieses »Gleichnis« nur deshalb ein auf den Anblick der Höhle gebautes »Gleichnis« sein, weil es im voraus von der für die Griechen selbstverständlichen Grunderfahrung der *ἀλήθεια*, der Unverborgenheit des Seienden, mitbestimmt wird. Denn was ist die unterirdische Höhle anders als ein in sich zwar Offenes, das zugleich umwölbt und durch die Umwandung von der Erde trotz des Eingangs umschlossen bleibt. Die in sich offene Umschließung der Höhle und das durch sie Umstellte und also Verborgene verweisen zugleich auf ein Außerhalb, das Unverborgene, was über Tag ins Lichte sich weitet. Das im Sinne der *ἀλήθεια* anfänglich griechisch gedachte Wesen der Wahrheit, die auf Verborgenes (Verstelltes und Verhülltes) bezogene Unverborgenheit, und nur sie hat einen wesenhaften Bezug zum Bild der unter Tag gelegenen Höhle. Wo die Wahrheit anderen Wesens ist und nicht Unverborgenheit oder wenigstens durch sie nicht mitbestimmt, da hat ein »Höhlengleichnis« keinen Anhalt der Veranschaulichung.

Und dennoch, mag auch die *ἀλήθεια* im »Höhlengleichnis« eigens erfahren und an betonten Stellen genannt sein, statt der Unverborgenheit drängt ein anderes Wesen der Wahrheit in den Vorrang. Damit ist aber schon gesagt, daß gleichwohl auch die Unverborgenheit noch einen Rang innehält.

Die Darstellung des »Gleichnisses« und Platons eigene Deutung nehmen die unterirdische Höhle und ihr Außerhalb beinahe selbstverständlich als den Bereich, in dessen Umkreis sich die berichteten Vorgänge abspielen. Wesentlich dabei sind jedoch die erzählten Übergänge und der Aufstieg aus dem Bezirk des künstlichen Feuerscheins in die Helle des Sonnenlichtes, insgleichen der Rückstieg von der Quelle alles Lichtes zurück in das Dunkel der Höhle. Im »Höhlengleichnis« entspringt die Kraft der Veranschaulichung nicht aus dem Bilde der Verschlossenheit des unterirdischen Gewölbes und der Verhaftung in das Verschlossene, auch nicht aus dem Anblick des Offenen im Außerhalb der Höhle. Die bildgebende Deutungskraft des »Gleichnisses« sammelt sich für Platon vielmehr in der Rolle des Feuers, des Feuerscheins und der Schatten, der Tageshelle, des Sonnenlichtes und der Sonne. Alles liegt am Scheinen des Erscheinenden und an der Ermöglichung seiner Sichtbarkeit. Die Unverborgenheit wird zwar in ihren verschiedenen Stufen genannt, aber sie wird nur daraufhin bedacht, wie sie das Erscheinende in seinem Aussehen (*εἶδος*) zugänglich und dieses Sichzeigende (*ἰδέα*) sichtbar macht. Die eigentliche Besinnung geht auf das in der Helle des Scheins gewährte Erscheinen des Aussehens. Dieses gibt die Aussicht auf das, als was jegliches Seiende anwest. Die eigentliche Besinnung gilt der *ἰδέα*. Die »Idee« ist das die Aussicht in das Anwesende verleihende Aussehen. Die *ἰδέα* ist das reine Scheinen im Sinne der Rede »die Sonne scheint«. Die »Idee« läßt nicht erst noch ein Anderes (hinter ihr) »erscheinen«, sie selbst ist das Scheinende, dem einzig am Scheinen seiner selbst liegt. Die *ἰδέα* ist das Scheinsame. Das Wesen der Idee liegt in der Schein- und Sichtsamkeit. Diese vollbringt die Anwesung, nämlich die Anwesung dessen, was je ein Seiendes ist. Im Was-sein des Seienden west dieses jeweils an. Anwesung aber ist überhaupt das Wesen des Seins. Deshalb hat für Platon das Sein das eigentliche Wesen im Was-sein. Noch die spätere Namengebung verrät, daß die quidditas das wahrhafte esse, die essentia, ist und nicht die existentia. Was die Idee hierbei in die Sicht bringt und so zu sehen gibt, ist für das auf sie gerichtete Blicken das Unverborgene dessen, als was sie erscheint. So wird das Unverborgene zum voraus und einzig begriffen als das im Vernehmen der *ἰδέα* Vernommene, als das im Erkennen (*γιγνώσκειν*) Erkannte (*γιγνωσκόμενον*). Das *νοεῖν* und der *νοῦς* (die Vernehmung) erhalten erst in dieser Wendung bei Platon den Wesensbezug auf die »Idee«. Die Einrichtung in dieses Sichrichten auf die Ideen bestimmt das Wesen der Vernehmung und in der Folge dann das Wesen der »Vernunft«.

»Unverborgenheit« meint jetzt das Unverborgene stets als das durch die Scheinsamkeit der Idee Zugängliche. Sofern aber der Zugang notwendig durch ein »Sehen« vollzogen wird, ist die Unverborgenheit in die »Relation« zum Sehen eingespannt, »relativ« auf dieses. Daher lautet die gegen Ende des VI. Buches der »Politeia« entwickelte Frage: Wodurch sind das Gesehene und das Sehen, was sie in ihrem Verhältnis sind? Worin besteht die Bogenspannung zwischen beiden? Welches Joch (*ζυγόν* 508a, 1) hält beide zusammen? Die Antwort, zu deren Veranschaulichung das »Höhlengleichnis« bestellt ist, legt sich im Bilde dar: Die Sonne gibt als die Quelle des Lichtes dem Gesichteten die Sichtbarkeit. Das Sehen aber sieht nur das Sichtbare, sofern das Auge *ἡλιοειδές*, »sonnenhaft« ist, indem es ein Vermögen der Zugehörigkeit zur Wesensart der Sonne, d.h. zu ihrem Scheinen hat. Das Auge selbst »leuchtet« und ergibt sich dem Scheinen und kann so das Erscheinende empfangen und vernehmen. In der Sache gedacht, bedeutet dies Bild einen Zusammenhang, den Platon (VI, 508e, 1sq.) so ausspricht: *τοῦτο τοίνυν τὸ τὴν ἀλήθειαν παρέχον τοῖς γιγνωσκομένοις καὶ τῷ γιγνώσκοντι τὴν δύναμιν ἀποδιδὸν τὴν τοῦ ἀγαθοῦ ἰδέαν φάθι εἶναι.* »Dieses also, was die Unverborgenheit gewährt dem Erkannten, aber auch dem Erkennenden das Vermögen abgibt (zu erkennen), das, sage, ist die Idee des Guten.«

Das »Gleichnis« nennt die Sonne als das Bild für die Idee des Guten. Worin besteht das Wesen dieser Idee? Als *ἰδέα* ist das Gute ein Scheinendes, als dieses das Sichtgebende und als dieses selbst ein Sichtiges und daher Kennbares, und zwar *ἐν τῷ γνωστῷ τελευταία ἡ τοῦ ἀγαθοῦ ἰδέα καὶ μόγις ὁρᾶσθαι* (517b, 8). »Im Bereich des Kennbaren ist die Idee des Guten die alles Scheinen vollendende und daher auch erst zuletzt eigentlich gesichtete Sichtsamheit, so zwar, daß sie kaum (nur mit großer Mühe) eigens gesehen wird.«

τὸ ἀγαθόν[a] übersetzt man durch den scheinbar verständlichen Ausdruck »das Gute«. Man denkt dabei meist auch noch an das »sittlich Gute«, das so heißt, weil es dem Sittengesetz gemäß ist. Diese Deutung fällt aus dem griechischen Denken heraus, wenngleich Platons Auslegung des *ἀγαθόν* als Idee zum Anlaß wird, »das Gute« »moralisch« zu denken und schließlich als einen »Wert« zu verrechnen. Der im 19. Jahrhundert als innere Folge der neuzeitlichen Auffassung der »Wahrheit« aufkommende Wertgedanke ist der späteste und zugleich schwächste Nachkömmling des *ἀγαθόν*. Sofern »der Wert« und die Auslegung auf »Werte« die Metaphysik Nietzsches tragen und dies in der unbedingten Gestalt einer »Umwertung aller Werte«, ist Nietzsche auch, weil ihm jedes Wissen vom metaphysischen Ursprung des »Wertes« abgeht, der zügelloseste Platoniker innerhalb der Geschichte der abendländischen Metaphysik. Indem er freilich den Wert als die vom »Leben selbst« gesetzte Bedingung der Ermöglichung des »Lebens« begreift, hat Nietzsche das Wesen des *ἀγαθόν* vorurteilsfreier festgehalten denn jene, die dem grundlosen Mißgebilde von »an sich geltenden Werten« nachjagen.

Denkt man nun auch noch das Wesen der »Idee« neuzeitlich als perceptio (»subjektive Vorstellung«), dann findet man in der »Idee des Guten« einen irgendwo an sich vorhandenen »Wert«, davon es außerdem noch eine »Idee« gibt. Diese »Idee« muß natürlich die höchste sein, da alles darauf ankommt, im »Guten« (im Wohl einer Wohlfahrt oder im Geordneten einer Ordnung) zu verlaufen. Im Umkreis dieses neuzeitlichen Denkens ist freilich vom ursprünglichen Wesen der *ἰδέα τοῦ ἀγαθοῦ* Platons nichts mehr zu begreifen.

τὸ ἀγαθόν bedeutet, griechisch gedacht, das, was zu etwas taugt und zu etwas tauglich macht. Jede *ἰδέα*, das Aussehen von

[a] 1. Auflage 1947: *ἀγαθόν* zwar *ἰδέα*, aber nicht mehr anwesend, deshalb kaum sichtbar.

etwas, gibt die Sicht auf das, was je ein Seiendes ist. Die »Ideen« machen daher, griechisch gedacht, dazu tauglich, daß etwas in dem, was es ist, erscheinen und so in seinem Beständigen anwesen kann. Die Ideen sind das Seiende jedes Seienden. Das, was jede Idee zu einer Idee tauglich macht, platonisch ausgedrückt, die Idee aller Ideen, besteht deshalb darin, das Erscheinen alles Anwesenden in all seiner Sichtsamkeit zu ermöglichen. Das Wesen jeder Idee liegt schon in einem Ermöglichen und Tauglichmachen zum Scheinen, das eine Sicht des Aussehens gewährt. Daher ist die Idee der Ideen das Tauglichmachende schlechthin, *τὸ ἀγαθόν*. Dieses bringt jedes Scheinsame zum Scheinen und ist daher selbst das eigentlich Erscheinende, das in seinem Scheinen Scheinsamste. Deshalb nennt Platon (518 c, 9) das *ἀγαθόν* auch *τοῦ ὄντος τὸ φανότατον*, »das Erscheinendste (Scheinsamste) des Seienden«.

Der für das neuzeitliche Meinen allzu irreführende Ausdruck »die Idee des Guten« ist der Name für jene ausgezeichnete Idee, die als Idee der Ideen das Tauglichmachende für alles bleibt. Diese Idee, die allein »das Gute« heißen kann, bleibt *ἰδέα τελευταία*, weil in ihr sich das Wesen der Idee vollendet und d. h. zu wesen anfängt, so daß aus ihr erst auch die Möglichkeit aller anderen Ideen entspringt. Das Gute darf die »höchste Idee« genannt werden in einem doppelten Sinne: Sie ist im Rang der Ermöglichung die oberste, und der Aufblick zu ihr ist der steilste und daher mühevollste. Trotz der Mühsamkeit der eigentlichen Erfassung steht die Idee, die dem Wesen der Idee zufolge, griechisch gedacht, »das Gute« heißen muß, in gewisser Weise doch überall und ständig im Blick, wo überhaupt irgendein Seiendes sich zeigt. Selbst dort, wo nur die in ihrem Wesen noch verborgenen Schatten erblickt werden, muß dazu doch schon ein Feuerschein leuchten, wenngleich dieser Schein nicht eigens erfaßt und als Gabe des Feuers erfahren wird, wenngleich hier vor allem noch unerkannt bleibt, daß dieses Feuer nur ein Sproß (*ἔκγονον* VI, 507 a, 3) der Sonne ist. Innerhalb der Höhle bleibt die Sonne unsichtbar, und doch zehren auch die

Schatten noch von ihrem Licht. Das Höhlenfeuer aber, das die sich selbst im eigenen Wesen nicht kennende Vernehmung der Schatten ermöglicht, ist das Bild für den unbekannten Grund jener Erfahrung des Seienden, die zwar Seiendes meint, aber es nicht als ein solches kennt. Die Sonne jedoch schenkt durch ihr Scheinen nicht nur die Helle und damit die Sichtbarkeit und damit die »Unverborgenheit« allem Erscheinenden. Ihr Scheinen verstrahlt zugleich die Wärme und ermöglicht durch ihr Beglühen allem »Entstehenden« das Hervorgehen in das Sichtsame seines Bestandes (509b).

Ist aber einmal die Sonne selbst eigens gesichtet (*ὀφθεῖσα δέ*), ohne Bild gesprochen, ist einmal die höchste Idee erblickt, dann *συλλογιστέα εἶναι ὡς ἄρα πᾶσι πάντων αὕτη ὀρθῶν τε καὶ καλῶν αἰτία* (517c), »dann läßt sich gesammelt einheitlich (aus der höchsten Idee) entnehmen, daß sie offenbar für alle Menschen die Ur-sache ist sowohl alles Rechten (in ihrem Verhalten) als auch alles Schönen«, d.h. dessen, was sich dem Verhalten so zeigt, daß es das Scheinen seines Aussehens zum Erscheinen bringt. Für alle »Sachen« und ihre Sachheit ist die höchste Idee der Ursprung, d.h. die Ur-sache. »Das Gute« gewährt das Erscheinen des Aussehens, worin das Anwesende in dem, was es ist, seinen Bestand hat. Durch diese Gewährung ist das Seiende in das Sein einbehalten und »gerettet«.

Aus dem Wesen der höchsten Idee ergibt sich für alles umsichtige Blicken des Sichumtuns, *ὅτι δεῖ ταύτην ἰδεῖν τὸν μέλλοντα ἐμφρόνως πράξειν ἢ ἰδίᾳ ἢ δημοσίᾳ* (517c, 4/5), »daß derjenige, der darum besorgt ist, mit Einsicht umsichtig zu handeln, sei es im Eigenen, sei es im Öffentlichen, diese (die Idee, die als die Ermöglichung des Wesens der Idee das Gute heißt) in der Sicht haben muß«. Wer in einer durch »die Idee« bestimmten Welt handeln soll und will, bedarf allem zuvor des Ideenblicks. Und darin besteht denn auch das Wesen der *παιδεία*, den Menschen frei und fest zu machen für die klare Beständigkeit des Wesensblickes. Weil nun aber nach Platons eigener Deutung das »Höhlengleichnis« das Wesen der *παιδεία* ins anschauliche Bild bringen soll, deshalb muß es auch den Aufstieg zum Erblicken der höchsten Idee erzählen.

Also handelt das »Höhlengleichnis« doch nicht eigens von der *ἀλήθεια*? Gewiß nicht. Und dennoch bleibt bestehen: Dieses »Gleichnis« enthält Platons »Lehre« von der Wahrheit. Denn es gründet sich auf den ungesagten Vorgang des Herrwerdens der *ἰδέα* über die *ἀλήθεια*. Das »Gleichnis« gibt ein Bild dessen, was Platon von der *ἰδέα τοῦ ἀγαθοῦ* sagt: *αὐτὴ κυρία ἀλήθειαν καὶ νοῦν παρασχομένη* (517 c, 4), »sie selbst ist Herrin, indem sie Unverborgenheit (dem Sichzeigenden) gewährt und zugleich Vernehmen (des Unverborgenen)«. Die *ἀλήθεια* kommt unter das Joch der *ἰδέα*. Indem Platon von der *ἰδέα* sagt, sie sei die Herrin, die Unverborgenheit zulasse, verweist er in ein Ungesagtes, daß nämlich fortan sich das Wesen der Wahrheit nicht als das Wesen der Unverborgenheit aus eigener Wesensfülle entfaltet, sondern sich auf das Wesen der *ἰδέα* verlagert. Das Wesen der Wahrheit gibt den Grundzug der Unverborgenheit preis.

Wenn es überall in jedem Verhalten zum Seienden auf das *ἰδεῖν* der *ἰδέα* ankommt, auf das Erblicken des »Aussehens«, dann muß sich alles Bemühen zuerst auf die Ermöglichung eines solchen Sehens sammeln. Dazu ist das rechte Blicken nötig. Schon der innerhalb der Höhle Befreite richtet, wenn er sich von den Schatten weg und zu den Dingen hinwendet, den Blick auf solches, was »seiender« ist als die bloßen Schatten: *πρὸς μᾶλλον ὄντα τετραμμένος ὀρθότερον βλέποι* (515 d, 3/4), »also dem Seienderen zugewendet, dürfte er wohl richtiger blicken«. Der Übergang von einer Lage in die andere besteht in dem Richtigerwerden des Blickens. An der *ὀρθότης*, der Richtigkeit des Blikkens, liegt alles. Durch diese Richtigkeit wird das Sehen und Erkennen ein rechtes, so daß es zuletzt geradeaus auf die höchste Idee geht und in dieser »Ausrichtung« sich festmacht. In diesem Sichrichten gleicht sich das Vernehmen dem an, was gesichtet sein soll. Das ist das »Aussehen« des Seienden. Zufolge dieser Angleichung des Vernehmens als eines *ἰδεῖν* an die *ἰδέα* besteht eine *ὁμοίωσις*, eine Übereinstimmung des Erkennens mit der Sache selbst. So entspringt aus dem Vorrang der *ἰδέα* und des *ἰδεῖν* vor der *ἀλήθεια* eine Wandlung des Wesens der Wahrheit. Wahrheit wird zur *ὀρθότης*, zur Richtigkeit des Vernehmens und Aussagens.

In diesem Wandel des Wesens der Wahrheit vollzieht sich zugleich ein Wechsel des Ortes der Wahrheit. Als Unverborgenheit ist sie noch ein Grundzug des Seienden selbst. Als Richtigkeit des »Blickens« aber wird sie zur Auszeichnung des menschlichen Verhaltens zum Seienden.

In gewisser Weise muß Platon jedoch die »Wahrheit« noch als Charakter des Seienden festhalten, weil das Seiende als das Anwesende im Erscheinen das Sein hat und dieses die Unverborgenheit mit sich bringt. Zugleich aber verlagert sich das Fragen nach dem Unverborgenen auf das Erscheinen des Aussehens und damit auf das diesem zugeordnete Sehen und auf das Rechte und die Richtigkeit des Sehens. Deshalb liegt in Platons Lehre eine notwendige Zweideutigkeit. Gerade sie bezeugt den vormals ungesagten und jetzt zu sagenden Wandel des Wesens der Wahrheit. Die Zweideutigkeit offenbart sich in aller Schärfe dadurch, daß von der *ἀλήθεια* gehandelt und gesagt und gleichwohl die *ὀρθότης* gemeint und als maßgebend gesetzt wird, und dies alles in demselben Gedankengang.

Aus einem einzigen Satz des Abschnittes, der Platons eigene Deutung des »Höhlengleichnisses« enthält (517 b, 7 bis c, 5), läßt sich die Zweideutigkeit der Wesensbestimmung der Wahrheit ablesen. Der leitende Gedanke ist, daß die höchste Idee das Joch spannt zwischen dem Erkennen und seinem Erkannten. Dieses Verhältnis wird aber in zweifacher Weise gefaßt. Zuerst und daher maßgebend sagt Platon: *ἡ τοῦ ἀγαθοῦ ἰδέα* sei *πάντων ὀρθῶν τε καὶ καλῶν αἰτία*, »von allem Richtigen sowohl als auch von allem Schönen die Ur-sache« (d. h. die Ermöglichung des Wesens). Dann aber heißt es, die Idee des Guten sei *κυρία ἀλήθειαν καὶ νοῦν παρασχομένη* »Herrin, die Unverborgenheit, aber auch das Vernehmen gewährt«. Diese beiden Aussagen laufen nicht gleich, so daß den *ὀρθά* (dem Richtigen) die *ἀλήθεια* und den καλά (dem Schönen) der νοῦς (das Vernehmen) entspräche. Vielmehr geht die Entsprechung überkreuz. Den ὀρθά, dem Richtigen und seiner Richtigkeit entspricht das rechte Vernehmen, und dem Schönen entspricht das Unverborgene; denn das Wesen des Schönen liegt darin, ἐκφανέστατον zu sein (vgl. Phaidros), das, am meisten und reinsten aus sich heraus scheinend, das Aussehen zeigt und so unverborgen ist. Beide Sätze sagen vom Vorrang der Idee des Guten als der Ermöglichung der Richtigkeit des Erkennens und der Unverborgenheit des Erkannten. Wahrheit ist hier noch zumal Unverborgenheit und Richtigkeit, wenngleich auch die Unverborgenheit schon unter dem Joch der ἰδέα steht. Die gleiche Zweideutigkeit in der Wesensbestimmung der Wahrheit herrscht auch noch bei Aristoteles. In dem Schlußkapitel des neunten Buches der Metaphysik (Met. Θ, 10, 1051 a, 34 sqq.), wo das aristotelische Denken über das Sein des Seienden die Gipfelhöhe erreicht, ist die Unverborgenheit der alles beherrschende Grundzug des Seienden. Zugleich aber kann Aristoteles sagen: οὐ γάρ ἐστι τὸ ψεῦδος καὶ τὸ ἀληθὲς ἐν τοῖς πράγμασιν ... ἀλλ' ἐν διανοίᾳ (Met. E, 4, 1027 b, 25 sq.). »Nicht nämlich ist das Falsche und das Wahre in den Sachen (selbst) . . . sondern im Verstand.«

Das urteilende Aussagen des Verstandes ist die Stätte der Wahrheit und Falschheit und ihres Unterschiedes. Die Aussage heißt wahr, sofern sie dem Sachverhalt sich angleicht, also ὁμοίωσις ist. Diese Wesensbestimmung der Wahrheit enthält keine Berufung mehr auf die ἀλήθεια im Sinne der Unverborgenheit; vielmehr ist umgekehrt die ἀλήθεια, als der Gegenfall zum ψεῦδος, d. h. zum Falschen im Sinne des Unrichtigen, als Richtigkeit gedacht. Von nun an wird das Gepräge des Wesens der Wahrheit als der Richtigkeit des aussagenden Vorstellens maßgebend für das gesamte abendländische Denken. Zum Zeugnis dafür diene und genüge die Anführung der Leitsätze, die in den Hauptzeitaltern der Metaphysik die jeweilige Prägung des Wesens der Wahrheit kennzeichnen.

Für die mittelalterliche Scholastik gilt der Satz des Thomas v. A.: veritas proprie invenitur in intellectu humano vel divino (Quaestiones de veritate; qu. I art. 4, resp.), »die Wahrheit wird eigentlich angetroffen im menschlichen oder im göttlichen Verstand«. Im Verstand hat sie ihren Wesensort. Wahrheit ist hier nicht mehr *ἀλήθεια*, sondern *ὁμοίωσις* (adaequatio).

Am Beginn der Neuzeit sagt Descartes in einer Verschärfung des vorigen Satzes: veritatem proprie vel falsitatem non nisi in solo intellectu esse posse (Regulae ad directionem ingenii, Reg. VIII, Opp. X, 396). »Wahrheit oder Falschheit im eigentlichen Sinne können nirgendwo anders denn allein im Verstande sein.«

Und im Zeitalter der anhebenden Vollendung der Neuzeit sagt Nietzsche in einer nochmaligen Verschärfung des vorigen Satzes: »*Wahrheit ist die Art von Irrtum*, ohne welche eine bestimmte Art von lebendigen Wesen nicht leben könnte. Der Wert für das *Leben* entscheidet zuletzt.« (Aufzeichnung aus dem Jahr 1885, Der Wille zur Macht, n. 493.) Wenn die Wahrheit nach Nietzsche eine Art von Irrtum ist, dann liegt ihr Wesen in einer Weise des Denkens, die das Wirkliche jedesmal, und zwar notwendig, verfälscht, insofern nämlich jedes Vorstellen das unausgesetzte »Werden« still stellt und mit dem so Festgestellten gegenüber dem fließenden »Werden« ein Nichtentsprechendes, d. h. Unrichtiges und somit ein Irriges als das angebliche Wirkliche aufstellt.

In Nietzsches Bestimmung der Wahrheit als der Unrichtigkeit des Denkens liegt die Zustimmung zum überlieferten Wesen der Wahrheit als der Richtigkeit des Aussagens (*λόγος*). Nietzsches Begriff der Wahrheit zeigt den letzten Widerschein der äußersten Folge jenes Wandels der Wahrheit aus der Unverborgenheit des Seienden zur Richtigkeit des Blickens. Der Wandel selbst vollzieht sich in der Bestimmung des Seins des Seienden (d. h. griechisch der Anwesung des Anwesenden) als *ἰδέα*.

Dieser Auslegung des Seienden zufolge ist die Anwesung nicht mehr wie im Anfang des abendländischen Denkens der

Aufgang des Verborgenen in die Unverborgenheit, wobei diese selbst als die Entbergung den Grundzug der Anwesung ausmacht. Platon begreift die Anwesung (*οὐσία*) als *ἰδέα*. Diese untersteht jedoch nicht der Unverborgenheit, indem sie das Unverborgene, ihm dienend, zum Erscheinen bringt. Vielmehr bestimmt umgekehrt das Scheinen (Sichzeigen), was innerhalb seines Wesens und im einzigen Rückbezug auf es selbst dann noch Unverborgenheit heißen darf. Die *ἰδέα* ist nicht ein darstellender Vordergrund der *ἀλήθεια*, sondern der sie ermöglichende Grund. Aber auch so nimmt die *ἰδέα* noch etwas vom anfänglichen, aber unbekannten Wesen der *ἀλήθεια* in Anspruch.

Die Wahrheit ist nicht mehr als Unverborgenheit der Grundzug des Seins selbst, sondern sie ist, zufolge der Unterjochung unter die Idee zur Richtigkeit geworden, fortan die Auszeichnung des Erkennens des Seienden.

Seitdem gibt es ein Streben nach der »Wahrheit« im Sinne der Richtigkeit des Blickens und der Blickstellung. Seitdem wird in allen Grundstellungen zum Seienden die Gewinnung des rechten Ideenblickes entscheidend. Die Besinnung auf die *παιδεία* und der Wandel des Wesens der *ἀλήθεια* gehören zusammen und in dieselbe durch das Höhlengleichnis dargestellte Geschichte des Übergangs von Aufenthalt zu Aufenthalt.

Die Verschiedenheit der beiden Aufenthalte innerhalb und außerhalb der Höhle ist ein Unterschied der *σοφία*. Dies Wort bedeutet im allgemeinen das Sichauskennen in etwas, das Sichverstehen auf etwas. Eigentlicher meint *σοφία* das Sichauskennen in dem, was als das Unverborgene anwest und als das Anwesende das Beständige ist[a]. Das Sichauskennen deckt sich nicht mit dem bloßen Besitz von Kenntnissen. Es meint das Innehalten eines Aufenthalts, der überall zuvor den Anhalt im Beständigen hat.

[a] Separatum aus »Geistige Überlieferung« 1942: vgl. Heraklit, Fragment 112.

Das Sichauskennen, das dort unten in der Höhle maßgebend ist, ἡ ἐκεῖ σοφία (516c, 5), wird überragt von einer anderen σοφία. Diese ist einzig und allem zuvor darauf aus, das Sein des Seienden in den »Ideen« zu erblicken. Diese σοφία ist, im Unterschied zu jener dort in der Höhle, ausgezeichnet durch das Verlangen, über das nächste Anwesende hinaus den Anhalt in dem sich selbst zeigenden Beständigen zu erlangen. Diese σοφία ist in sich eine Vorliebe und Freundschaft (φιλία) für die »Ideen«, die das Unverborgene gewähren. Die σοφία außerhalb der Höhle ist φιλοσοφία. Dieses Wort kennt die Sprache der Griechen bereits vor Platons Zeit und gebraucht es allgemein zur Benennung der Vorliebe für ein rechtes Sichauskennen. Durch Platon erst wird das Wort in Anspruch genommen als Name für jenes Sichauskennen im Seienden, das zugleich das Sein des Seienden als Idee bestimmt. Seit Platon wird das Denken über das Sein des Seienden – »Philosophie«, weil es ein Aufblicken zu den »Ideen« ist. Die erst mit Platon beginnende »Philosophie« aber hat fortan den Charakter dessen, was später »Metaphysik« heißt. Die Grundgestalt der Metaphysik macht Platon selbst in der Geschichte anschaulich, die das Höhlengleichnis erzählt. Ja sogar das Wort »Metaphysik« ist in Platons Darstellung schon vorgeprägt. Dort, wo er (516) die Eingewöhnung des Blickens auf die Ideen veranschaulicht, sagt Platon (516c, 3): Das Denken geht μετ' ἐκεῖνα »über« jenes, was nur schattenhaft und abbildmäßig erfahren wird, hinaus εἰς ταῦτα, »hin zu« diesen, nämlich den »Ideen«. Sie sind das im nichtsinnlichen Blicken erblickte Übersinnliche, das mit den Werkzeugen des Leibes unbegreifliche Sein des Seienden. Und das Höchste im Bereich des Übersinnlichen ist jene Idee, die als Idee aller Ideen die Ursache für den Bestand und das Erscheinen alles Seienden bleibt. Weil diese »Idee« in solcher Weise für alles die Ursache ist, deshalb ist sie auch »die Idee«, die »das Gute« heißt. Diese höchste und erste Ursache wird von Platon und entsprechend von Aristoteles τὸ θεῖον, das Göttliche genannt. Seit der Auslegung des Seins als ἰδέα ist das Denken auf das Sein des Seienden metaphysisch, und die Metaphysik ist theologisch. Theologie bedeutet hier die Auslegung der »Ursache« des Seienden als Gott und die Verlegung des Seins in diese Ursache, die das Sein in sich enthält und aus sich entläßt, weil sie das Seiendste des Seienden ist.

Dieselbe Auslegung des Seins als *ἰδέα*, die ihren Vorrang einem Wandel des Wesens der *ἀλήθεια* verdankt, fordert eine Auszeichnung des Blickens auf die Ideen. Dieser Auszeichnung entspricht die Rolle der *παιδεία*, der »Bildung« des Menschen. Die Bemühung um das Menschsein und um die Stellung des Menschen inmitten des Seienden durchherrscht die Metaphysik.

Der Beginn der Metaphysik im Denken Platons ist zugleich der Beginn des »Humanismus«. Dieses Wort sei hier wesentlich und deshalb in der weitesten Bedeutung gedacht. Hiernach meint »Humanismus« den mit dem Beginn, mit der Entfaltung und mit dem Ende der Metaphysik zusammengeschlossenen Vorgang, daß der Mensch nach je verschiedenen Hinsichten, jedesmal aber wissentlich in eine Mitte des Seienden rückt, ohne deshalb schon das höchste Seiende zu sein. »Der Mensch«, das bedeutet hier bald ein Menschentum oder die Menschheit, bald den Einzelnen oder eine Gemeinschaft, bald das Volk oder eine Völkergruppe. Immer gilt es, im Bereich eines festgemachten metaphysischen Grundgefüges des Seienden den von hier aus bestimmten »Menschen«, das animal rationale, zur Befreiung seiner Möglichkeiten und in die Gewißheit seiner Bestimmung und in die Sicherung seines »Lebens« zu bringen. Das geschieht als Prägung der »sittlichen« Haltung, als Erlösung der unsterblichen Seele, als Entfaltung der schöpferischen Kräfte, als Ausbildung der Vernunft, als Pflege der Persönlichkeit, als Weckung des Gemeinsinns, als Züchtung des Leibes oder als geeignete Verkoppelung einiger oder all dieser »Humanismen«. Jedesmal vollzieht sich ein metaphysisch bestimmtes Kreisen um den Menschen in engeren oder weiteren Bahnen. Mit der Vollendung der Metaphysik drängt auch der »Humanismus« (oder »griechisch« gesagt: die Anthropologie) auf die äußersten und d. h. zugleich unbedingten »Positionen«.

Platons Denken folgt dem Wandel des Wesens der Wahrheit, welcher Wandel zur Geschichte der Metaphysik wird, die in Nietzsches Denken ihre unbedingte Vollendung begonnen hat. Platons Lehre von der »Wahrheit« ist daher nichts Vergangenes. Sie ist geschichtliche »Gegenwart«, dies aber nicht nur als historisch nachgerechnete »Nachwirkung« eines Lehrstückes, auch nicht als Wiedererweckung, auch nicht als Nachahmung des Altertums, auch nicht als bloße Bewahrung des Überkommenen. Jener Wandel des Wesens der Wahrheit ist gegenwärtig als die längst gefestigte und daher noch unverrückte, alles durchherrschende Grundwirklichkeit der in ihre neueste Neuzeit anrollenden Weltgeschichte des Erdballs.

Was immer sich mit dem geschichtlichen Menschen begibt, ergibt sich jeweils aus einer zuvor gefallenen und nie beim Menschen selbst stehenden Entscheidung über das Wesen der Wahrheit. Durch diese Entscheidung ist je schon ausgegrenzt, was im Lichte des festgelegten Wesens der Wahrheit als ein Wahres gesucht und festgehalten, aber auch als das Unwahre verworfen und übergangen wird.

Die im Höhlengleichnis erzählte Geschichte gibt den Anblick dessen, was jetzt und künftig noch in der Geschichte des abendländisch geprägten Menschentums das eigentlich Geschehende ist: Der Mensch denkt im Sinne des Wesens der Wahrheit als der Richtigkeit des Vorstellens alles Seiende nach »Ideen« und schätzt alles Wirkliche nach »Werten«. Nicht welche Ideen und welche Werte gesetzt sind, ist das allein und erstlich Entscheidende, sondern daß überhaupt nach »Ideen« das Wirkliche ausgelegt, daß überhaupt nach »Werten« die »Welt« gewogen wird.

Inzwischen ist an das anfängliche Wesen der Wahrheit erinnert worden. Die Unverborgenheit[a] enthüllt sich dieser Erinnerung als der Grundzug des Seienden selbst[b]. Die Erinnerung an das

a 1. Auflage 1947: Die Ἀλήθεια ist ein Name für esse, nicht für veritas.
b 1. Auflage 1947: d. h. als das Seyn.

anfängliche Wesen der Wahrheit muß jedoch dieses Wesen anfänglicher denken. Sie kann daher die Unverborgenheit niemals nur im Sinne Platons, d. h. in der Unterjochung unter die *ἰδέα*, übernehmen. Die platonisch begriffene Unverborgenheit bleibt eingespannt in den Bezug zum Erblicken, Vernehmen, Denken und Aussagen. Diesem Bezug folgen, heißt das Wesen der Unverborgenheit preisgeben. Kein Versuch, das Wesen der Unverborgenheit in der »Vernunft«, im »Geist«, im »Denken«, im »Logos«, in irgendeiner Art von »Subjektivität« zu begründen, kann je das Wesen der Unverborgenheit retten. Denn das zu Begründende, das Wesen der Unverborgenheit selbst, ist hierbei noch gar nicht hinreichend erfragt. Stets wird nur eine Wesensfolge des unbegriffenen Wesens der Unverborgenheit »erklärt«.

Zuvor bedarf es der Würdigung des »Positiven« im »privativen« Wesen der *ἀλήθεια*. Zuvor ist dieses Positive als der Grundzug des Seins selbst zu erfahren. Erst muß die Not einbrechen, in der nicht immer nur das Seiende in seinem Sein, sondern einstmals das Sein selbst (d.h. der Unterschied) fragwürdig wird. Weil damit diese Not[a] bevorsteht, deshalb ruht das anfängliche Wesen der Wahrheit noch in seinem verborgenen Anfang.

[a] 1. Auflage 1947: Die Not der Notlosigkeit: daß wir unangegangen sind vom Sein selbst, daß Sein vergessen ist. In dieser Not läßt die Vergessenheit des Seins nicht von uns ab.

NACHWEIS

Platons Lehre von der Wahrheit. Der Gedankengang geht zurück auf die Freiburger Vorlesung im Wintersemester 1931/32 »Vom Wesen der Wahrheit«. Der Text wurde 1940 zusammengestellt und erschien zuerst in: Geistige Überlieferung. Das Zweite Jahrbuch. Verlag Helmut Küpper, Berlin 1942, pp. 96–124. Als selbständige Schrift, zusammen mit dem »Brief über den Humanismus«, bei A. Francke A.G., Bern 1947, 3. Auflage 1975. »Platons Lehre von der Wahrheit« wurde durch Martin Heidegger 1967 in den Band »Wegmarken« S. 109–144 aufgenommen, 1976 in den Band 9 der Gesamtausgabe »Wegmarken« S. 203–238 (2., durchgesehene Auflage 1996). »Platons Lehre von der Wahrheit« erscheint hiermit zum ersten Mal als selbständige *Einzel*schrift.